28 juin 1905

Marquis PN

Collection GALLOTTI

TABLEAUX ANCIENS

EXEMPLAIRE DE H STETTINER

AF728525

CATALOGUE

DES

Tableaux Anciens

DES ÉCOLES

ALLEMANDE, ANGLAISE, FRANÇAISE, FLAMANDE, HOLLANDAISE & ITALIENNE

Œuvres de

ALLORI, BEACH, BREKELENKAMP, CANALETTO, CRANACH,
DE TROY, A. VAN DYCK, ÉLIAS, JANSSON VAN CEULEN, KETEL, LE MOINE,
N. MAES, RAMSAY, RAVESTEIN, RUBENS,
SANTVOORT, SEGHERS, DAVID TENIERS, ETC., ETC.

PORTRAITS

Composant la Collection GALLOTTI

ET DONT LA VENTE AURA LIEU, A PARIS,

HOTEL DROUOT, SALLE N° 1

Le Mercredi 28 Juin 1905

a deux heures et demie

COMMISSAIRE-PRISEUR
Mᵉ PAUL CHEVALLIER
10, rue Grange-Batelière

EXPERT
M. JULES FÉRAL
7, rue Saint-Georges

EXPOSITIONS

PARTICULIÈRE : Le Lundi 26 Juin 1905. } **De 1 h. 1/2**
PUBLIQUE : Le Mardi 27 Juin 1905. } **à 6 heures**

Don S. de Ricci

U.C5412

CONDITIONS DE VENTE

Elle sera faite au comptant.

Les acquéreurs paieront *dix pour cent* en sus des enchères.

Paris. — Imprimerie de l'Art, E. Moreau et Cie, 41, rue de la Victoire

DÉSIGNATION

TABLEAUX ANCIENS

ÉCOLE ALLEMANDE

CRANACH

LUC SUNDER, dit

(Cranach, 1472-1553)

1 — *Portrait de Femme.*

A mi-corps, richement vêtue d'un costume noir à parements brodés d'or, coiffée d'un chapeau à plume, les bras croisés à la taille.

Fond vert.

Signé et daté : *1535.*

Inscription sur le vêtement.

Bois. Haut., 19 cent. ; larg., 13 cent.

ECOLE ANGLAISE

BEACH

(THOMAS)

Dorsetshire, 1738-1806

2 — *Portrait de Jeune Femme.*

Vue de trois quarts, en buste, la tête légèrement inclinée et tournée vers la gauche, les cheveux blonds, elle est coiffée d'un grand chapeau orné de plumes; robe blanche avec ceinture bleue.

Signé et daté à gauche : *A. Beach pinxit, 1790.*

Cadre en bois sculpté.

Toile. Haut., 69 cent. ; larg., 62 cent.

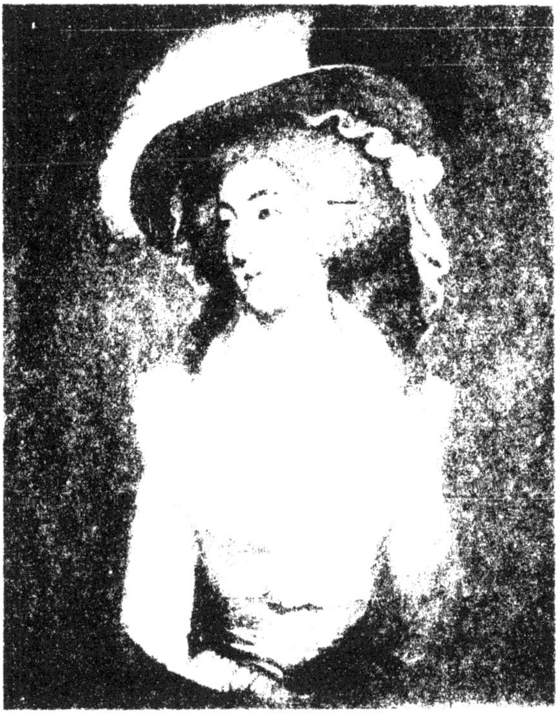

ÉCOLE ANGLAISE

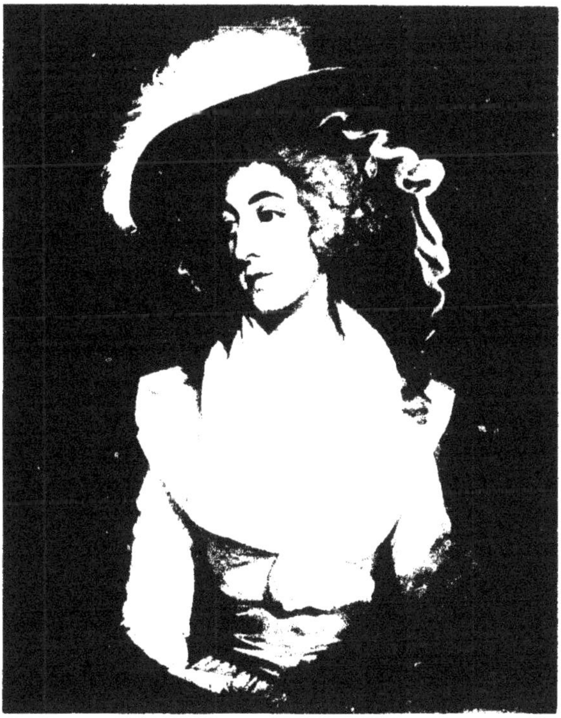

HIGHMORE

(JOSEPH)

Londres, 1692-1780

3 — *Portrait de Jeune Femme.*

Debout, la tête inclinée et tournée vers la gauche, en robe de satin blanc, décolletée, un nœud bleu au corsage.

Signé : *Jo.-J. Highmore pinx*, *1738*.

Toile. Haut., 90 cent. ; larg., 70 cent.

OPIE

(JEAN)

Comté de Cornouailles, 1761-1807

4 — *Portraits du peintre Gainsborough et du violoncelliste Fisher, son gendre.*

Ils sont représentés dans un atelier de peintre.

Au premier plan, Fisher est assis sur un divan, jouant du violoncelle, vêtu d'un habit havane et d'une culotte jaune ; Gainsborough, en habit rouge, devant son chevalet, la palette à la main gauche, enlace du bras droit une petite fille.

A droite de la composition, un personnage plus âgé est assis dans un fauteuil, vu de profil et accoudé sur l'avant-bras.

Importante composition.

Toile. Haut., 1 m. 93 cent. ; larg., 1 m. 64 cent.

RAMSAY

(ALLEN)

Edimbourg, 1713-1784

5 — *Portrait d'un Officier.*

Coiffé d'une perruque poudrée, vêtu d'un habit bleu foncé, brodé d'or, aux revers écarlates, l'écharpe du commandement nouée à la taille, il est vu jusqu'aux genoux, dans un parc, une main sur la hanche, et l'autre appuyée sur le socle d'une colonne de marbre.

Signé à droite en toutes lettres.

Toile. Haut., 1 m. 27 cent.; larg., 1 m. 02 cent.

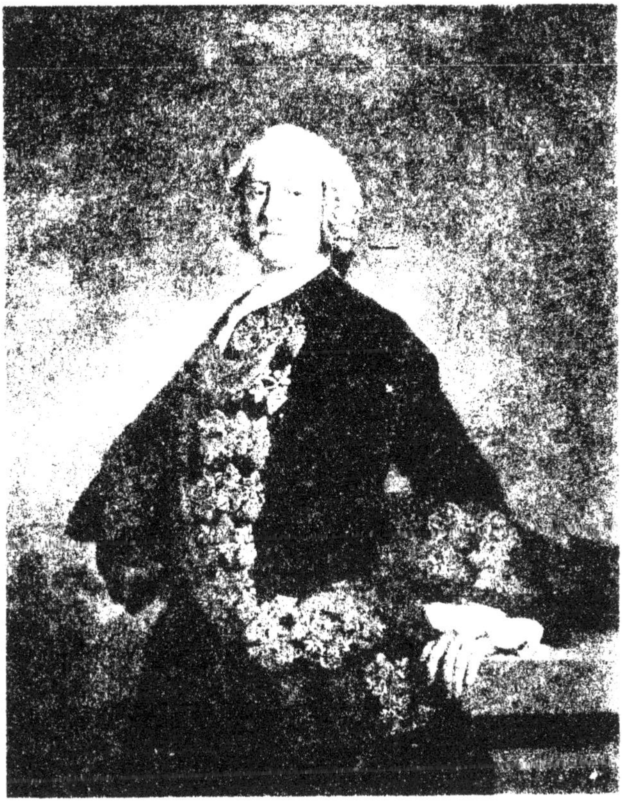

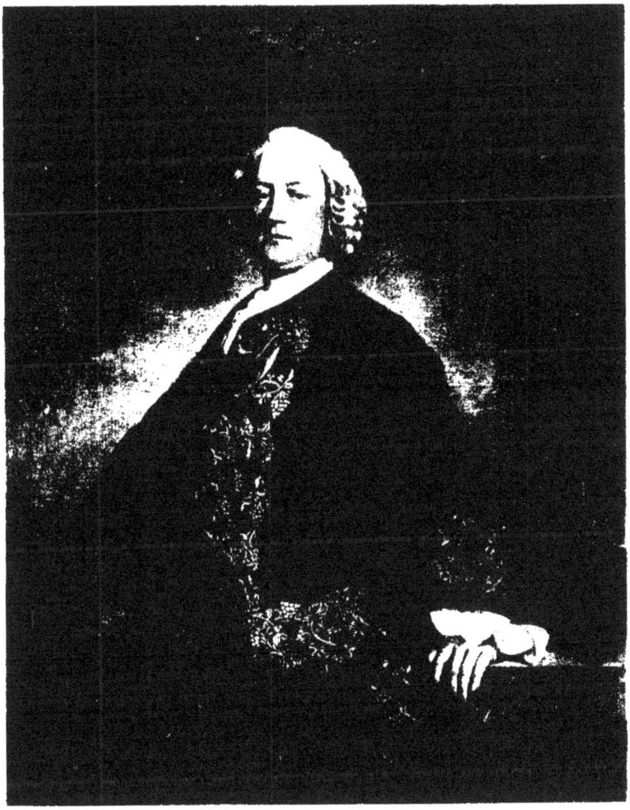

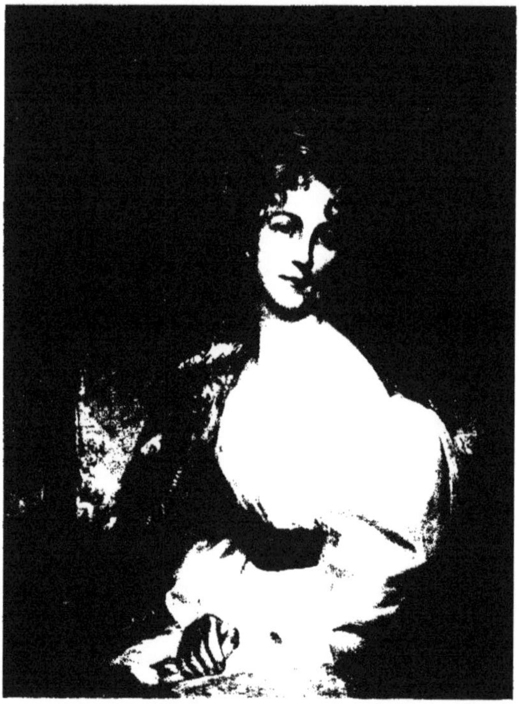

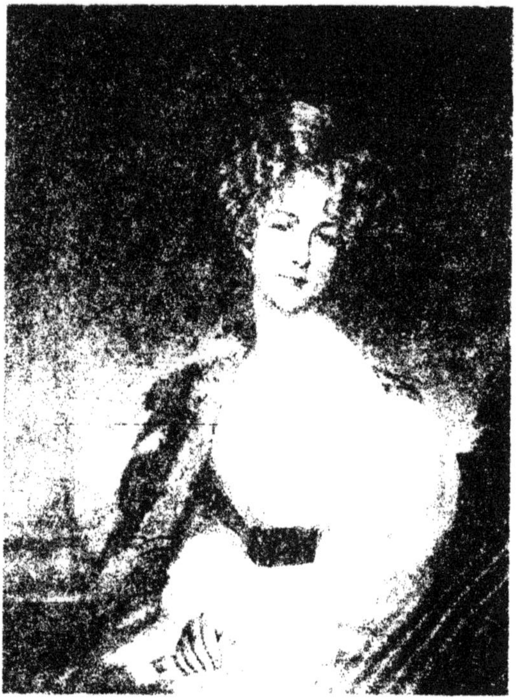

SHEE

Sir MARTIN-ARTHUR

Dublin, 1770-1850

6 — *Portrait d'une Jeune Femme blonde.*

A mi-corps, assise et tournée vers la gauche, elle est vêtue d'une robe décolletée en mousseline blanche, une ceinture noire à la taille, les mains croisées sur les genoux, un manteau de fourrure doublé de rouge jeté sur l'épaule.

Très gracieux portrait.

Toile. Haut., 90 cent.; larg., [illegible] cent

ÉCOLE ANGLAISE

7 *Portrait de Jeune Femme.*

Elle est assise dans un paysage, les cheveux châtains, bouclés, serrés sur la tête par un large bandeau, vêtue d'une robe de gaze blanche, légèrement décolletée, tenant un livre ouvert sur ses genoux.

Charmant portrait digne du pinceau d'*Hoppner*.

Toile. Haut., 77 cent.; larg., 64 cent.

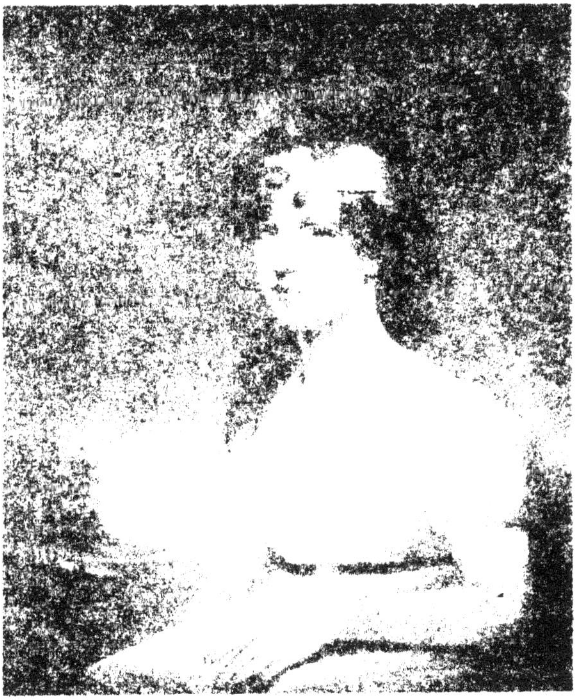

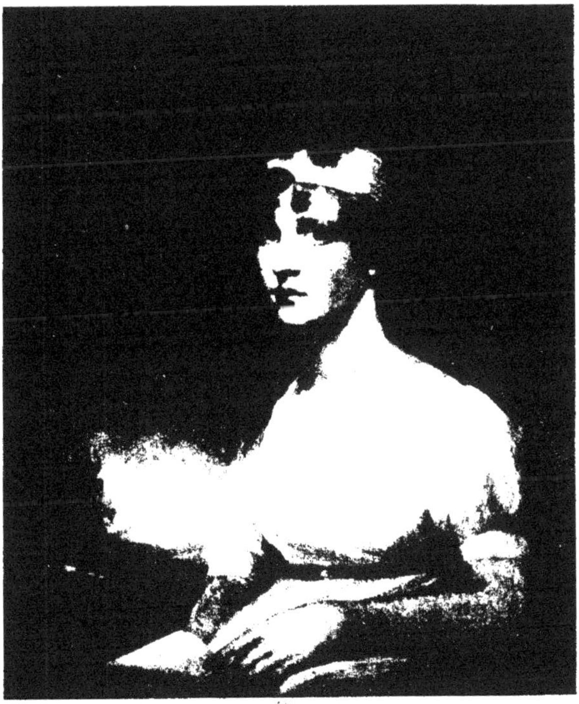

ÉCOLE FRANÇAISE

BLANCHET

(LOUIS-GABRIEL)

(XVIIIe siècle)

8 — *La Peinture et la Sculpture.*

Figurées par deux femmes et un enfant.
Signé et daté : *L.-G. Blanchet, 1762.*

Toile. Haut., 1 m. 64 cent. ; larg., 1 m. 10 cent.

CARESME

(PHILIPPE)

Paris, 1754-1796

9 — *Portrait d'Homme.*

Assis dans un fauteuil, de trois quarts à gauche, le bras droit appuyé sur un livre relié contenant *L'Esprit des Lois*, de Montesquieu, vêtu d'un habit de velours noir, ouvert sur un jabot de dentelle, il porte une perruque poudrée.

Signé à gauche : *Caresme, 1769.*

Cadre en bois sculpté.

Toile. Haut., 79 cent. ; larg., 59 cent.

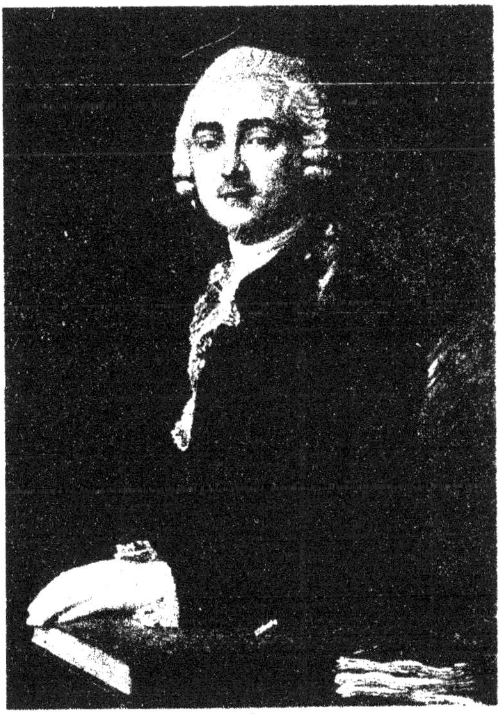

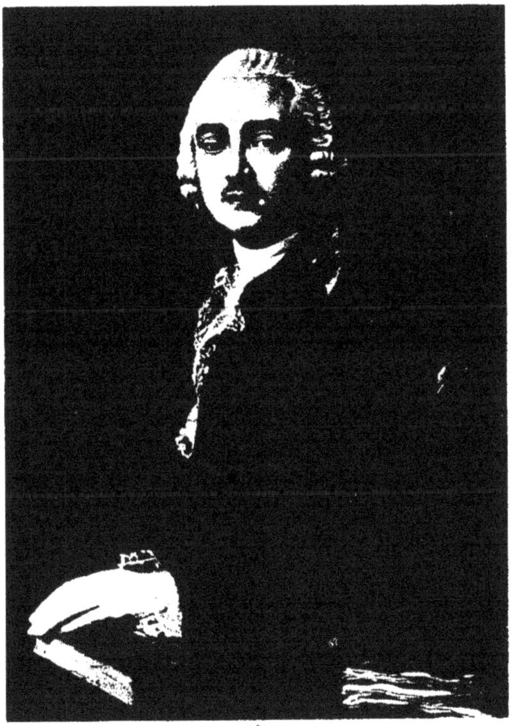

DE TROY

(FRANÇOIS)

Toulouse, 1645-17[illegible]

10 — *Composition Mythologique.*

Jolie esquisse marouflée sur panneau.

Haut., 41 cent. ; larg., 41 cent.

HYRE

LAURENT DE LA

Paris, [illegible]

11 — *Apothéose d'une Sainte.*

Elle monte glorieuse au paradis, emportée par des anges et des séraphins.

Cadre en bois sculpté.

Toile. Haut., 63 cent. ; larg., 73 cent.

LE MOINE

(FRANÇOIS)

Paris, 1688-1737

12 — *Angélique et Médor.*

Assise sur un tertre, au pied d'un arbre, sur l'écorce duquel l'époux grave une inscription. Au premier plan, deux amours lisent sur une pierre les noms des deux héros.

Gracieuse composition.

Cadre en bois sculpté.

Toile. Haut., 47 cent.; larg., 35 cent.

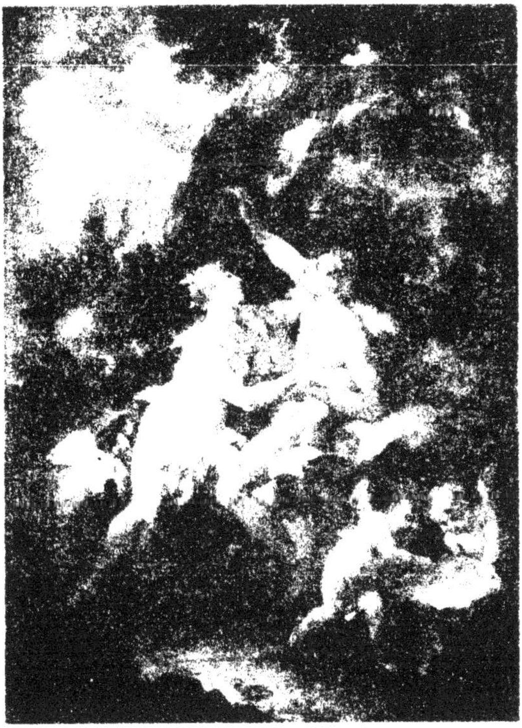

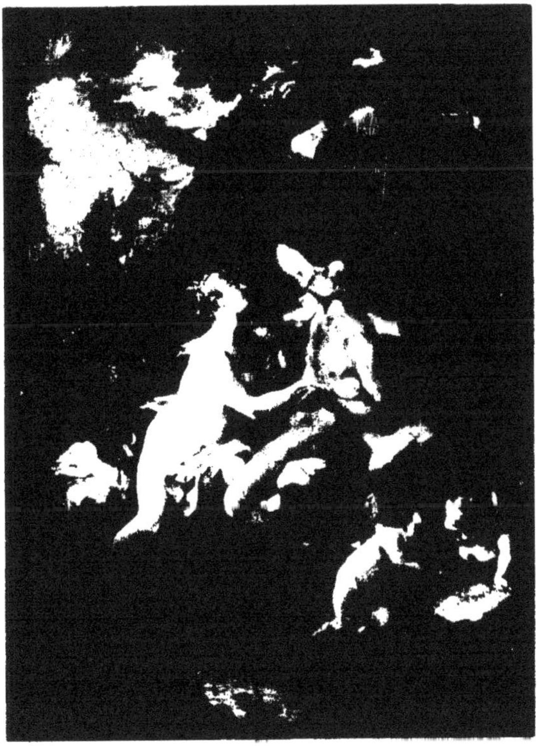

IX

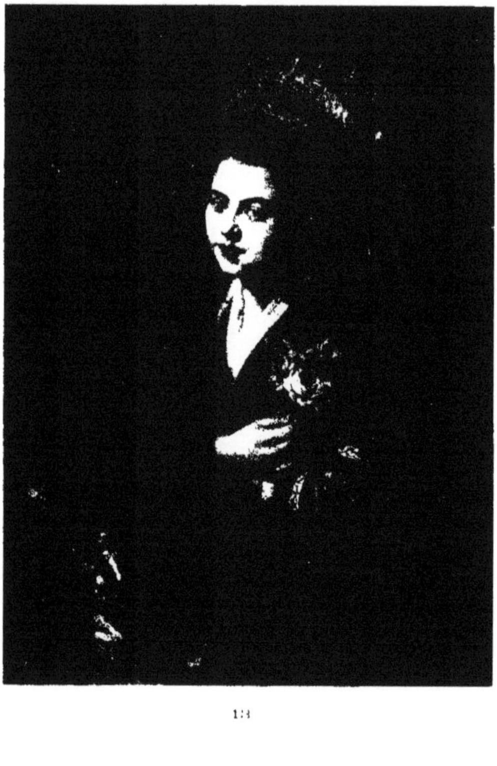

13

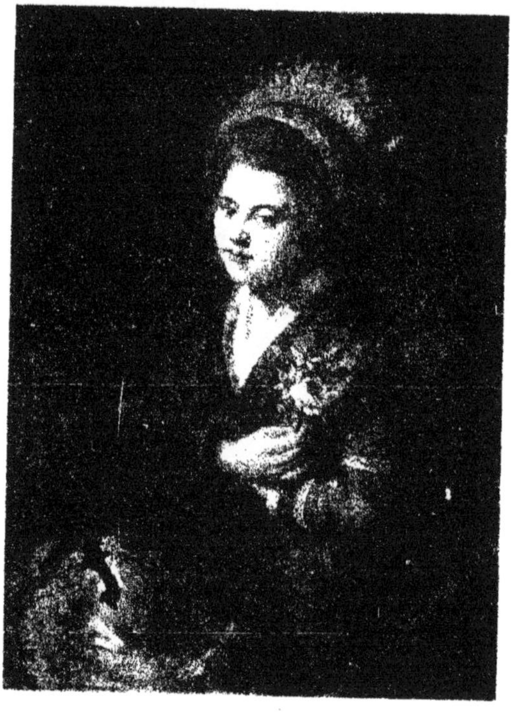

TRINQUESSE

1,910

(LOUIS)

XVIIIe siècle

13 — *Portrait de Jeune Fille.*

Vue de profil, la tête presque de face et légèrement inclinée sur la droite, coiffée d'un grand bonnet tuyauté, elle est appuyée sur le dossier d'un fauteuil, vêtue d'une robe bleue, d'un châle croisé sur la poitrine, un bouquet de fleurs dans la main droite.

Toile. Haut., 77 cent. ; larg., 56 cent.

ÉCOLE FRANÇAISE

(XVIIIe siècle)

14 — *Portrait d'une Fillette.*

Représentée en Amour, les cheveux blonds et bouclés, retenus par un ruban bleu.

Pastel.

Haut., 47 cent.; larg., 36 cent.

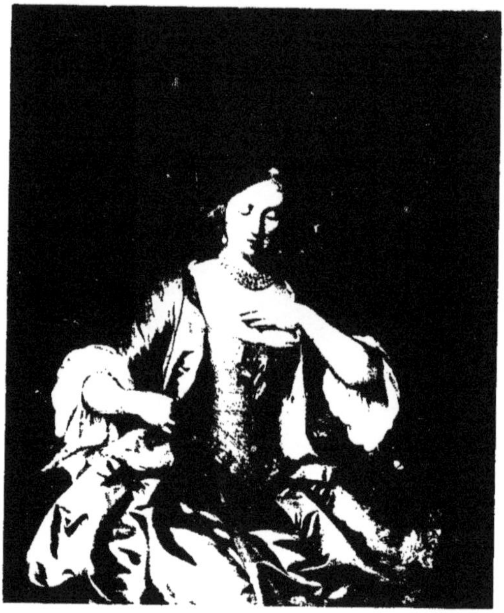

15

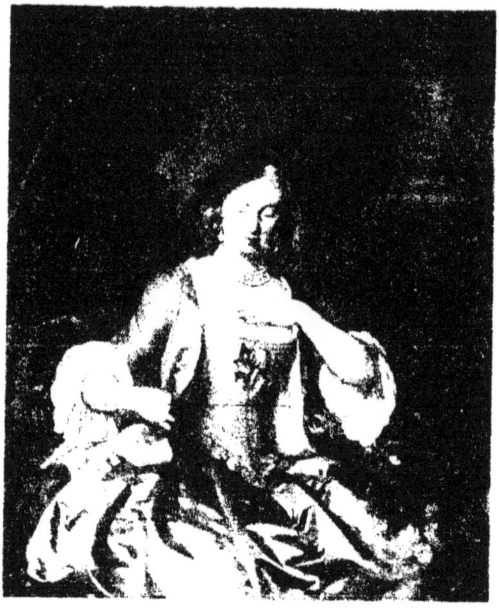

ÉCOLE FRANÇAISE

(xviiie siècle)

15 — *Portrait d'une Jeune Femme.*

Assise dans un jardin au milieu d'un buisson de fleurs, elle est vêtue d'un corsage de satin gris décolleté, d'un petit mantelet de soie rose et d'une jupe de satin bleu. Les bras nus jusqu'aux coudes, coiffée d'un chapeau de bergère, elle baisse les yeux pour voir un papillon posé à l'échancrure de son corsage.

Fond de parc avec architecture.

Toile. Haut., 55 cent.; larg., 45 cent.

ÉCOLE FRANÇAISE

(XVIIIe siècle)

16 — *Pan et les Nymphes.*

Cadre en bois sculpté.

Toile. Haut., 29 cent.; larg., 34 cent.

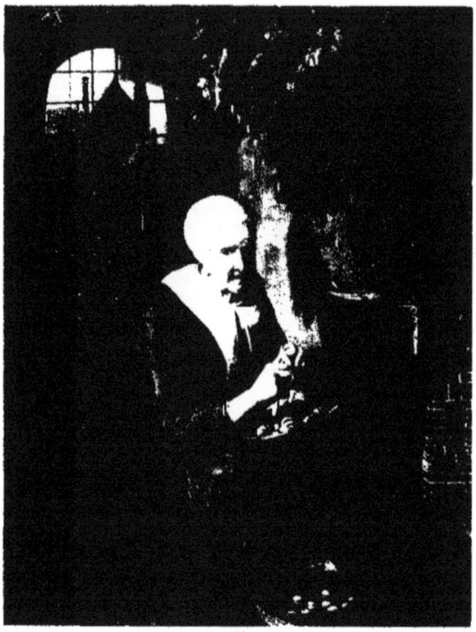

18

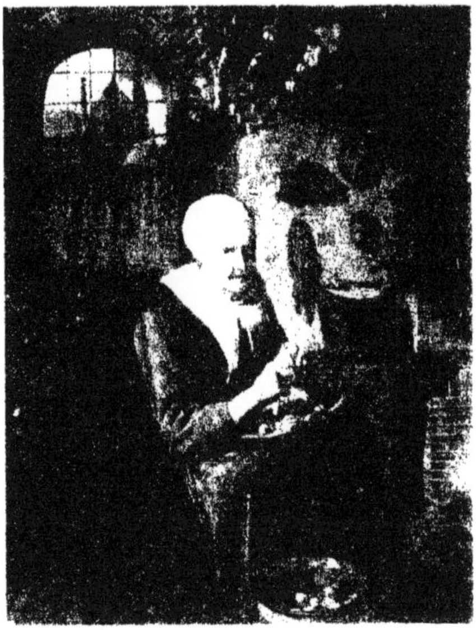

ÉCOLES FLAMANDE
ET HOLLANDAISE

BOL
Genre de FERDINAND

17 — *Tête de Femme coiffée d'un voile noir.*

Bois. Haut., 38 cent.; larg., 27 cent.

BREKELENKAMP
QUIRYN VAN

Swammerden, 1620-1668

18 — *Une Ménagère hollandaise.*

Elle est assise dans sa cuisine, vêtue d'une robe brune et d'un corsage à manches rouges, un béguin blanc sur la tête, un large col sur la poitrine. Devant elle, un seau rempli d'eau où tombent des pommes pelées.

A droite, dans le fond, une pompe, un plat avec des poissons et des accessoires de cuisine ; à gauche, une fenêtre cintrée par laquelle on aperçoit les toits de la ville.

Bon tableau, du plus bel effet lumineux.

Bois. Haut., 32 cent.; larg., 25 cent.

DELFT

(Attribué à JACOBS DE)

19 — *Portrait de Jeannette Van Berckel.*

En buste, légèrement tournée vers la gauche, un bonnet de dentelle sur la tête, une ample fraise tuyautée autour du cou. Robe noire à passementerie.

Une longue inscription hollandaise est au verso du panneau.

Bois. Haut., 67 cent.; larg., 57 cent.

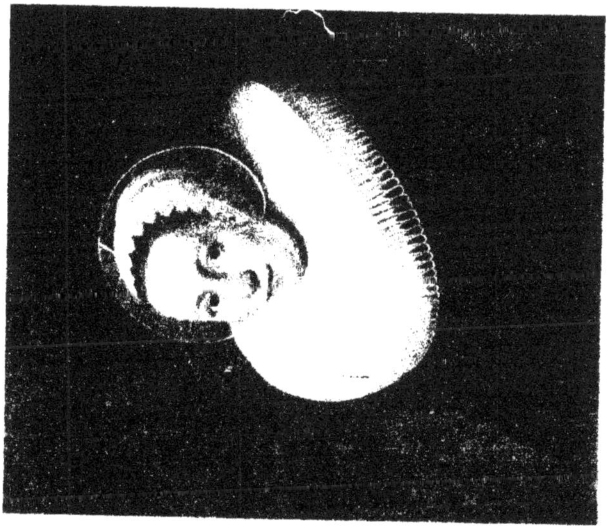

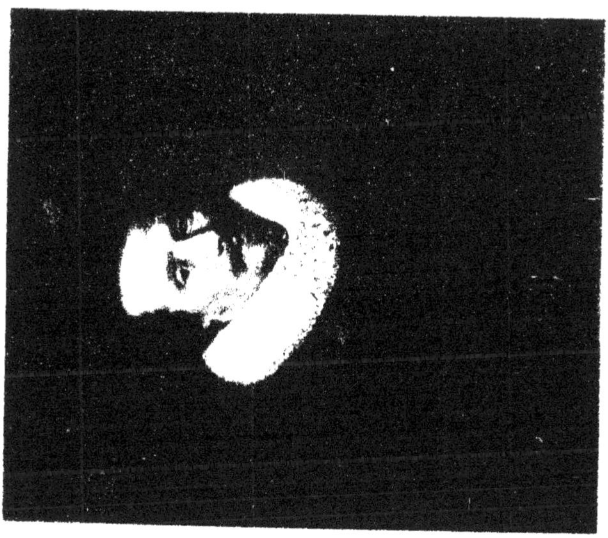

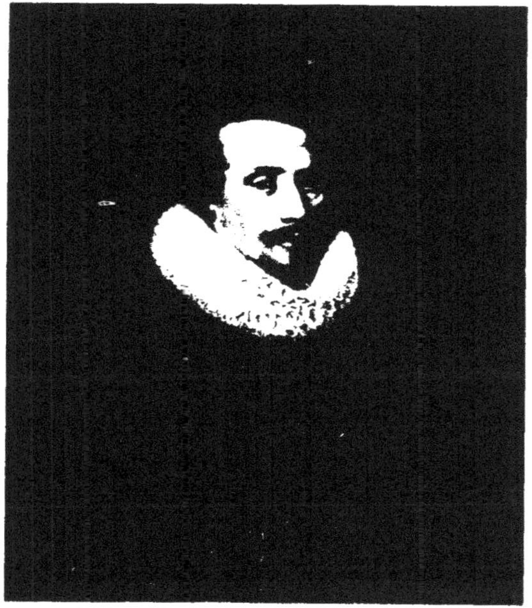

10

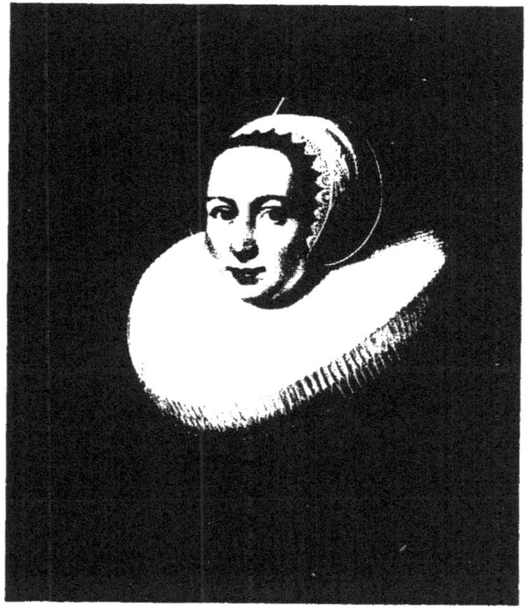

19

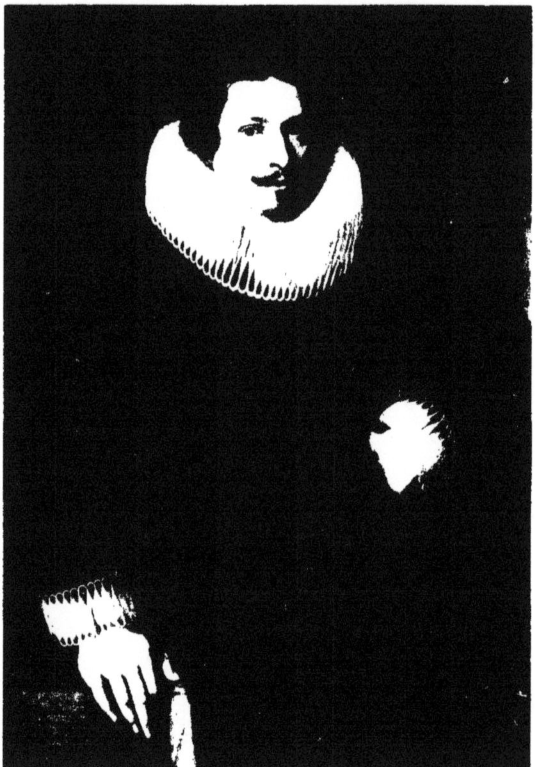

20

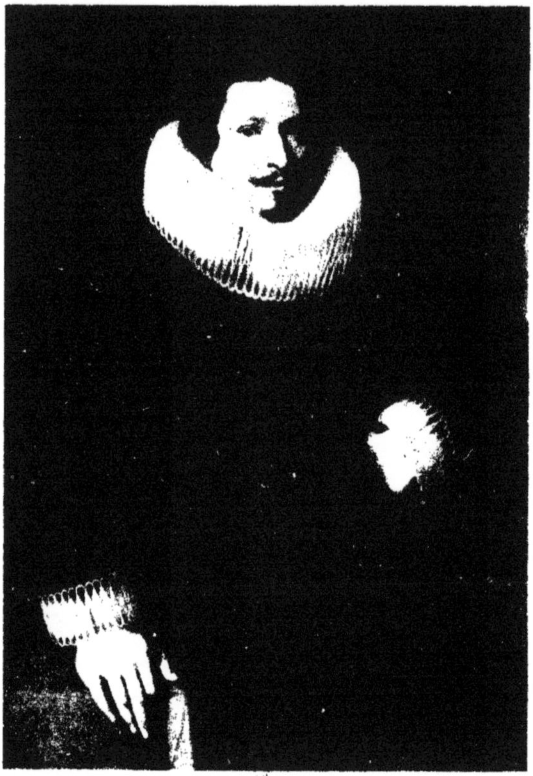

DYCK

(ANTOINE VAN)

Anvers, 1599-1641

20 — *Portrait d'un Gentilhomme.*

Debout, vu de face à mi-jambes, le teint coloré, les cheveux abondants, la barbe en pointe sur une fraise tuyautée, une main sur la hanche, l'autre appuyée sur une table couverte d'un tapis vert. Vêtement noir, broché ; manteau jeté sur l'épaule gauche.

Sur le fond, on lit : *Aetatis 32, Anno 1627.*

Cet intéressant portrait a été peint à Anvers, ainsi que le prouve la marque du panneau. De grands connaisseurs y ont observé un retour du maître vers sa première manière, sous l'influence cependant de son séjour en Italie.

Bois. Haut., 99 cent.; larg., 73 cent.

DYCK

(PHILIPPE VAN)

Amsterdam, 1680-1753

21 — *Une Dame écrivant.*

Elle est assise à une table devant une fenêtre entr'ouverte, vêtue d'une toilette marron, décolletée.

Bois. Haut., 37 cent. ; larg., 27 cent.

ÉLIAS

(MATHIEU)

Peer, 1656-1747

(PENDANT DU SUIVANT)

22 — *Portrait de Dame.*

En buste, légèrement tournée vers la gauche, cheveux châtains, col de dentelle, robe noire, manches bouffantes.

Bois. Haut., 70 cent. ; larg., 60 cent.

ÉLIAS

(MATHIEU)

(PENDANT DU PRÉCÉDENT)

23 — *Portrait d'Homme.*

En buste, légèrement tourné vers la droite, barbiche et cheveux gris, vêtement noir.

Au verso du tableau, une inscription hollandaise.

Bois. Haut., 70 cent. ; larg., 60 cent.

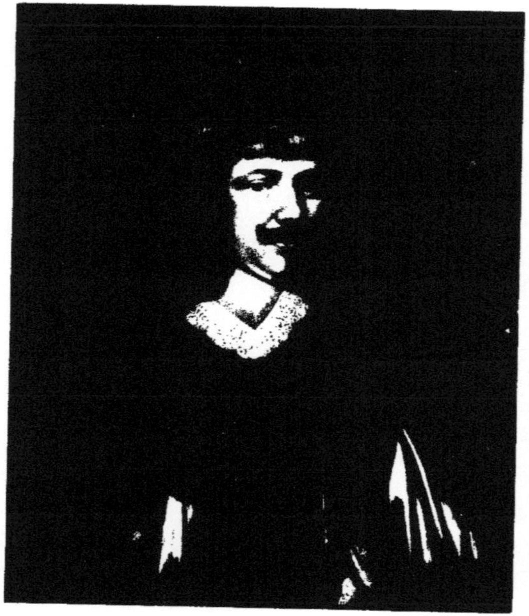

25

24

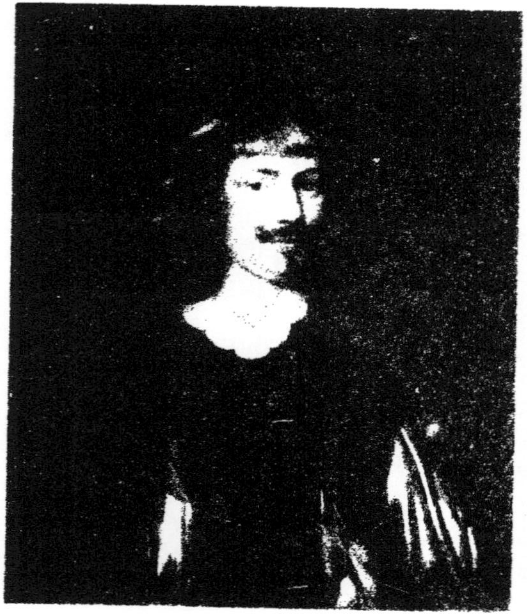

24

JANSON VAN CEULEN

(CORNEILLE)

Amsterdam, 15[illegible]-166[illegible]

(PENDANT DU SUIVANT)

24 — *Portrait de Marie Godin.*

En buste, presque de face, les cheveux bruns retombant en boucles sur les épaules, un petit bonnet sur la tête, un grand col de dentelle laissant apercevoir une chemisette de baptiste, elle porte un corsage en soie noire avec plastron de satin blanc, à broderies d'or et d'argent, des bijoux et un collier de perles.

Très beau portrait, d'une tonalité délicate et d'une grande distinction.

Au verso du panneau, une longue inscription de l'époque indique les noms, parentés et date de naissance du personnage.

Bois. Haut., 72 cent. ; larg., 60 cent.

JANSON VAN CEULEN

(CORNEILLE)

(PENDANT DU PRÉCÉDENT)

1000 Kleinberger

25 — *Portrait de Pierre Graswinckel.*

En buste, légèrement tourné vers la droite, chevelure abondante, vêtement de velours noir, laissant apercevoir une chemise souple, petit col garni de dentelle.

Au verso du panneau, une longue inscription.

Bois. Haut., 72 cent. ; larg., 60 cent.

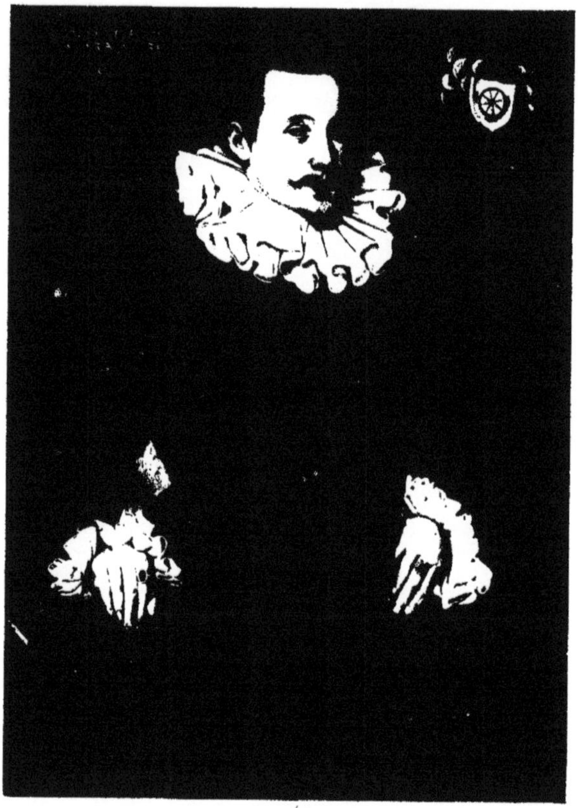

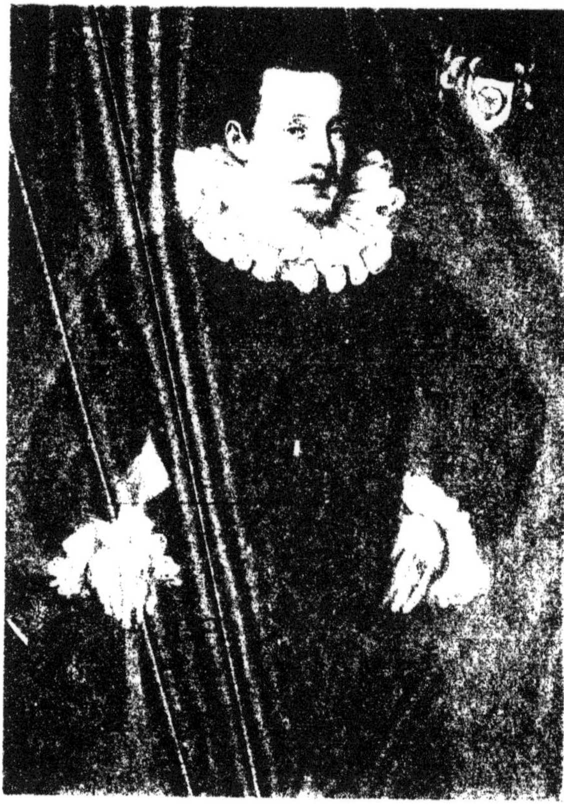

KETEL

(CORNEILLE)

Gouda, 1548-1616

26 — *Portrait d'un Jeune Gentilhomme.*

Il est représenté de trois quarts à droite, debout, vu jusqu'aux genoux, une main appuyée sur la hanche, l'autre à l'angle d'une table, en pourpoint de velours noir aux manches de soie à petits crevés, fraise et manchettes à tuyautés souples.

Sur le fond, à gauche, l'inscription :

ANNO 1590. Aetatis sua 30.

A droite, des armoiries.

Bois. Haut., 1 m. 5 cent.; larg., 75 cent.

MAES

(NICOLAS)

Dortrecht, 1632-1693

(PENDANT DU SUIVANT)

27 — *Portrait de Femme.*

Debout et accoudée sur un rocher, elle relève les boucles de sa chevelure abondante. Vêtue d'une robe rouge avec écharpe jaune, un collier de perles au cou.

Fond de ciel à gauche.

Signé.

Toile. Haut., 69 cent.; larg., 58 cent.

MAES

(NICOLAS),

(PENDANT DU PRÉCÉDENT)

28 — *Portrait d'Homme.*

Debout, vêtu d'une ample robe brune qu'il relève à la taille, il s'appuie sur les degrés d'un petit monument à bas-relief. Derrière lui une draperie rouge. A droite, un fond de parc.

Signé à gauche : *Maes.*

Toile. Haut., 69 cent.; larg., 58 cent.

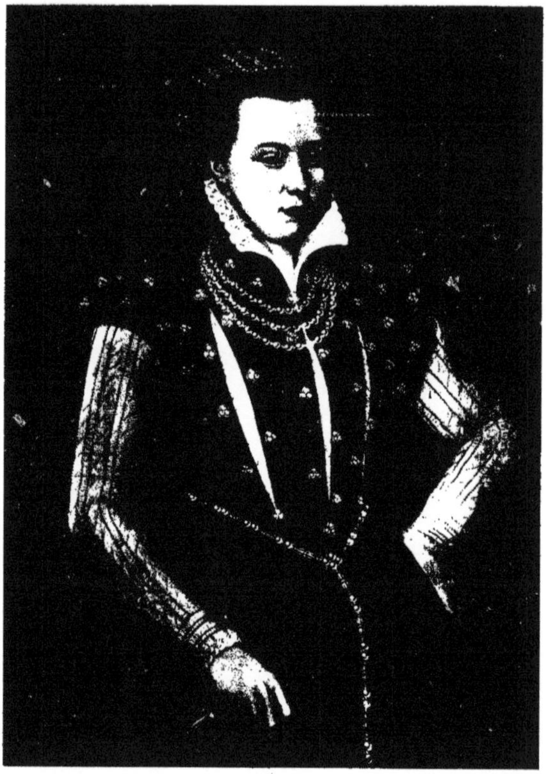

29

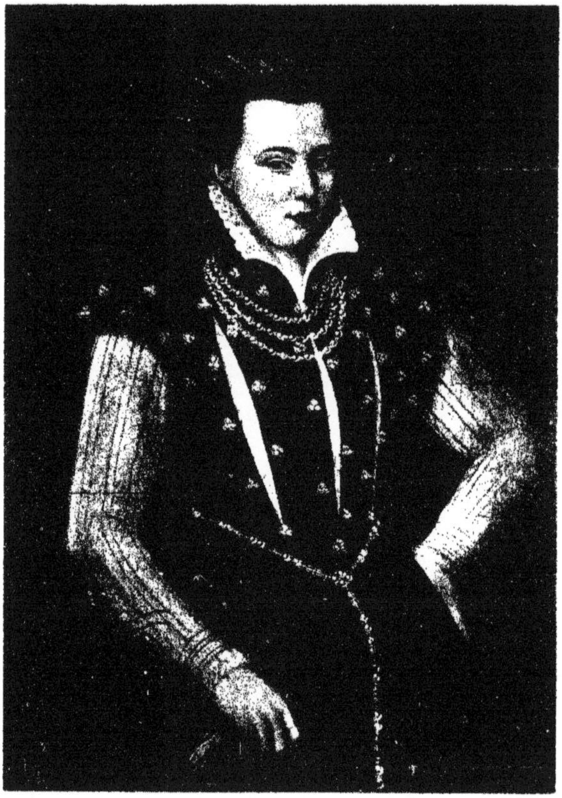

MORO

(Attribué à ANTONIO)

29 — *Portrait d'une Jeune Dame de qualité.*

2 500

Elle est représentée en toilette d'apparat, les cheveux bruns relevés sous une résille ornée de pierres précieuses. En robe de velours noir à crevés sur fond de satin blanc et ornée de bijoux, une main sur la hanche, l'autre tenant une paire de gants.

Figure à mi-jambes, de trois quarts à droite.

Bois. Haut., 85 cent.; larg., 63 cent.

MORO

(ÉCOLE D'ANTONIO)

30 — *Portrait d'un Gentilhomme.*

Debout, vu jusqu'aux genoux de trois quarts à droite, les yeux fixés sur le spectateur, les cheveux bruns coupés courts, la barbe en pointe sur une petite collerette tuyautée, il porte un justaucorps de velours noir à manches de satin blanc brodé d'or.

Sur le fond, à droite, on lit la devise . *IDEM*, et à gauche la date : *A° 1563. ÆTA 23.*

Toile. Haut., 1 m. 4 cent. ; larg., 77 cent.

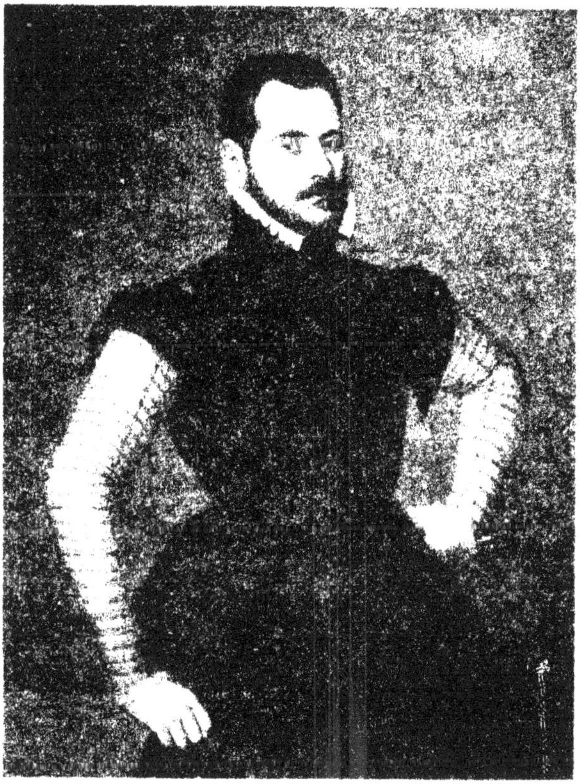

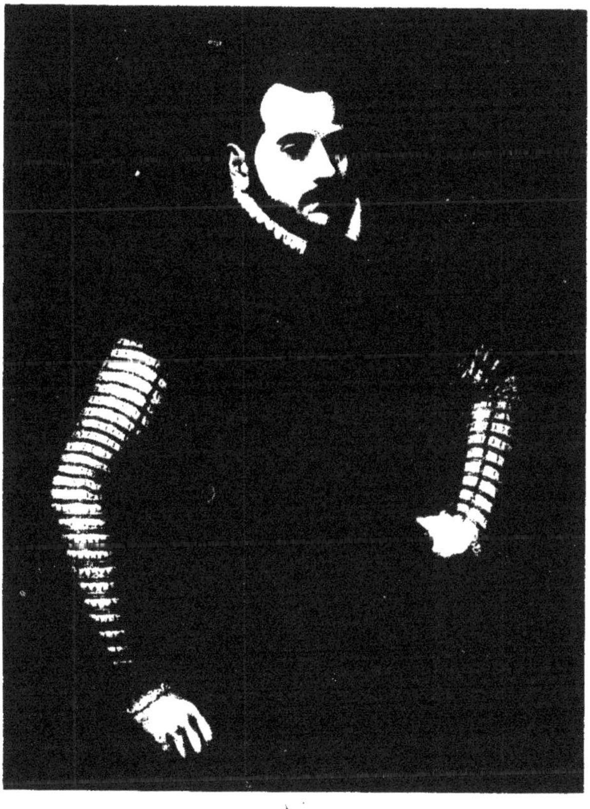

MORO

[illegible] ANTONIO

31 — *Petit Portrait d'une Dame de qualité.*

A mi-jambes, les cheveux relevés, riche toilette de satin blanc, manteau à revers de fourrure, chaîne d'or au cou et à la taille, tenant des gants de ses deux mains.
Cadre en bois sculpté.

Bois. H [illegible]

RAVESTEIN

(JEAN VAN)

La Haye, 1572-1657

32 — *Portrait de Jeune Fille.*

25 100
Kleinberger

Debout, vue jusqu'aux genoux, tournée de trois quarts à gauche, le bras droit appuyé sur le dossier d'un fauteuil rouge et tenant à la main un éventail de plumes noires, retenu à la taille par une chaîne d'or; les cheveux blonds tombant autour du visage, elle est vêtue d'une élégante toilette de velours noir à large collerette et manchettes de dentelle. Parée de bijoux d'orfèvrerie et de chaînes de perles, elle porte sur la poitrine une bague de fiançailles, retenue par un ruban.

Très beau portrait, d'une importance et d'une grâce exceptionnelles dans l'œuvre de l'artiste.

Signé à gauche et daté *1632*.

Au verso du panneau, on remarque un blason et une inscription hollandaise indiquant le nom de cette jeune fille, mariée dans la suite à un Chevalier des Pays-Bas.

Bois. Haut., 1 m. 22 cent.; larg., 88 cent.

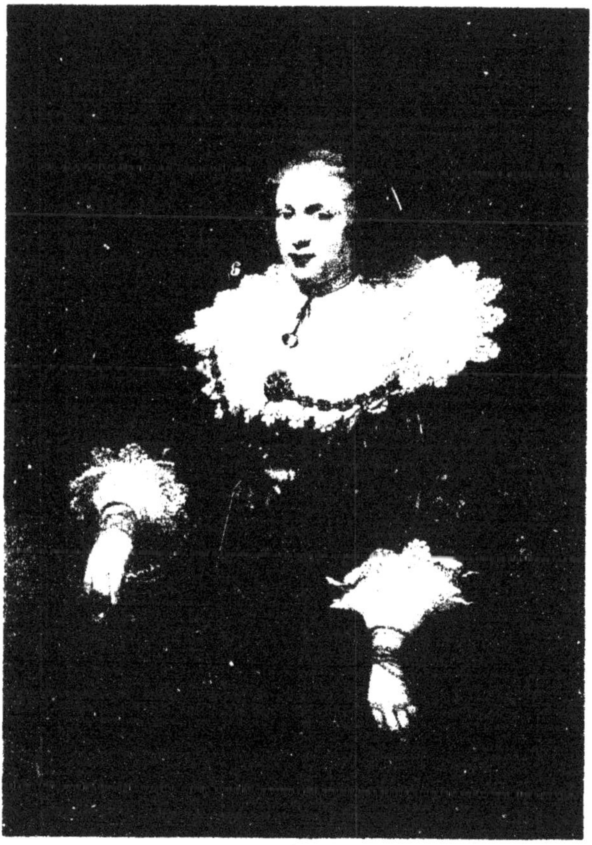

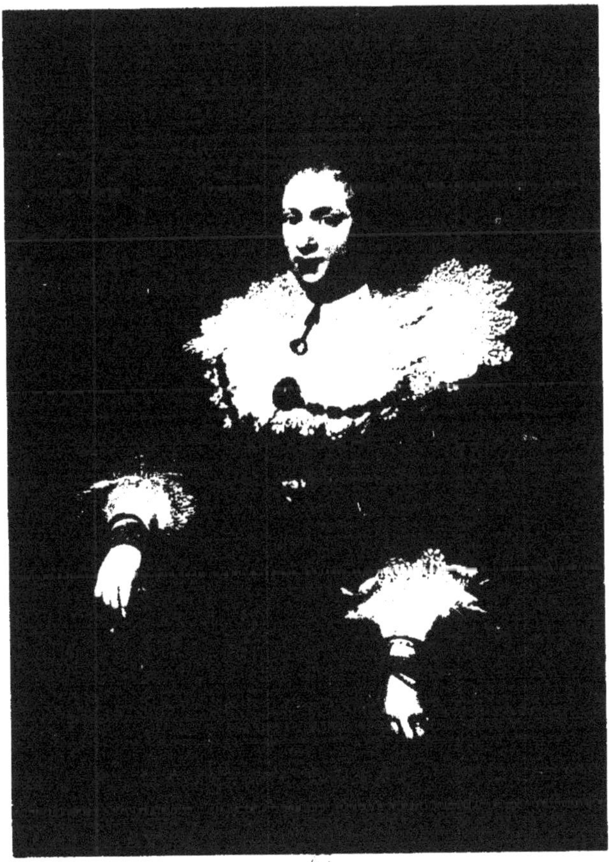

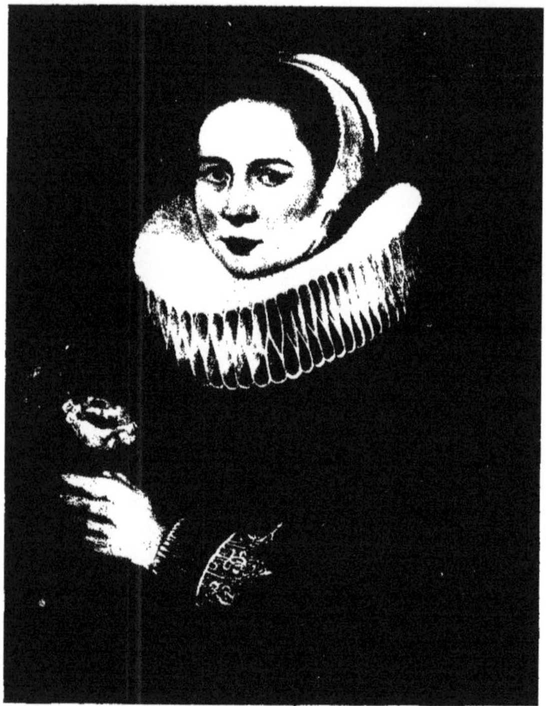

333

RUYSDAEL

(Attribué à JACQUES)

34 — *Une Clairière dans un bois.*

Au premier plan, un chêne déchiqueté entouré d'un buisson, puis des hautes futaies. Un homme à casque rouge s'éloigne vers le fond.

Ciel orageux.

Signé dans le terrain au premier plan.

Bois. Haut., 41 cent.; larg., 33 cent.

SANTVOORT

(DIRCKSZ VAN)

Amsterdam, 1610-1680

35 — *Portrait d'un Jeune Homme.*

En buste, de trois quarts à droite, coiffé d'un feutre noir, une fraise tuyautée autour du cou, il regarde le spectateur.

Toile. Haut., 47 cent.; larg., 34 cent.

SEGHERS

DANIEL

Anvers, [illegible]

300

36 — *Bouquet de Fleurs.*

Cuivre. Haut., 58 cent.; larg., 28 cent.

SON

JEAN VAN

Anvers, 1658-1700

1.600 Féral

37 — *Fruits, Crustacés et Objets divers.*

Sur une table couverte en partie d'un tapis, l'artiste a réuni : un vidrecome, un homard, un hareng, des raisins, un citron pelé, des huitres, des crevettes, un petit pain, un crabe.

Signé sur l'épaisseur de la table : *J. Van Son.*

Bois. Haut., 58 cent.; larg., 85 cent.

TENIERS

(DAVID), dit le Jeune

Anvers, 1610-1690

38 — *Paysage avec figures et animaux.*

Au centre et au premier plan, une femme assise s'apprête à traire une vache, un villageois coiffé d'un béret noir et vêtu d'une veste rouge vient lier conversation ; il est appuyé sur un grand baton, un chien est couché à ses pieds. A gauche, un escabeau, des cuivres et un pot de grès. Une femme est au second plan, plus loin et à droite des animaux au pâturage.

Fond de paysage accidenté, ciel nuageux.

Signé sur le terrain : *D. Teniers.*

Cuivre. Haut., 24 cent.; larg., 34 cent.

TENIERS

(DAVID), dit le Père

Anvers, 1582-1649

39 — *Une Sorcière.*

Au premier plan d'un paysage accidenté, une sorcière demi-vêtue, compose ses filtres diaboliques.

Panneau de forme ronde.

Cadre en bois sculpté.

Diam., 31 cent.

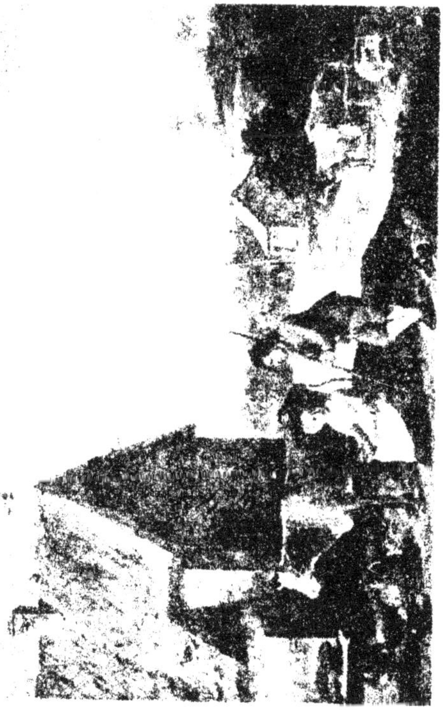

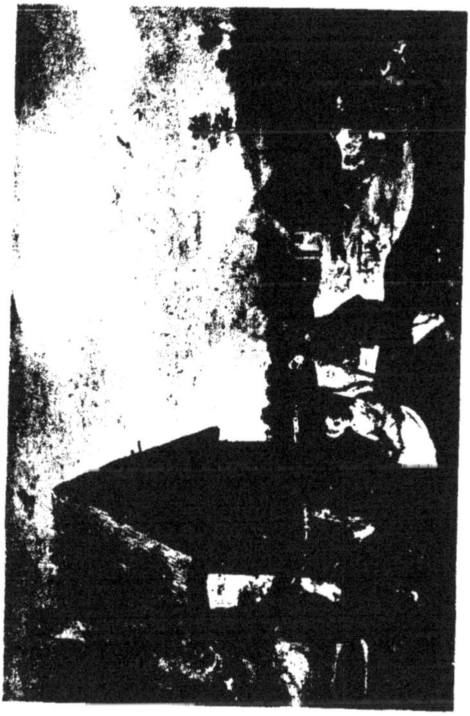

VOORT

(CORNELIS VAN DER)

Amsterdam, 1600 †

40 — *Portrait de Gentilhomme.*

A mi-corps, cheveux châtains, barbe rousse, figure colorée, vêtement de satin noir, ceinture à aiguillettes, un mantelet sur les épaules.

A gauche, des armoiries.

Toile. Haut., 78 cent.; larg., 62 cent.

WIT

(JACQUES DE)
Amsterdam, 1695-1754

41 — *Portrait allégorique.*

Une jeune femme est assise à sa table de toilette, devant un miroir, reflétant son image, un amour l'accompagne. Près d'elle, un jeune homme drapé d'étoffes de diverses couleurs, la main appuyée sur la hanche, regarde le spectateur.

Fond de parc.

Toile. Haut., 1 m. 45 cent.; larg., 1 m. 43 cent.

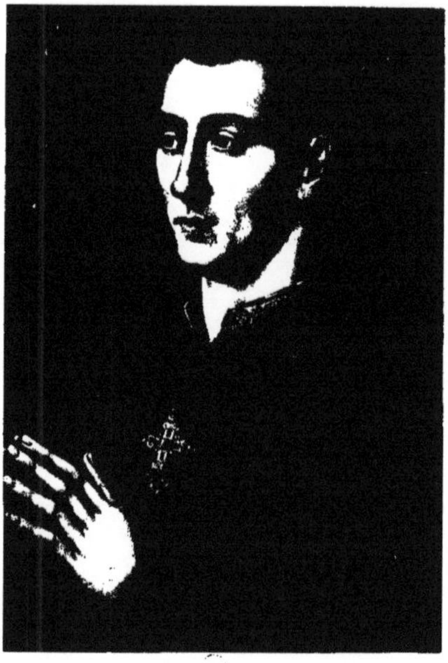

42

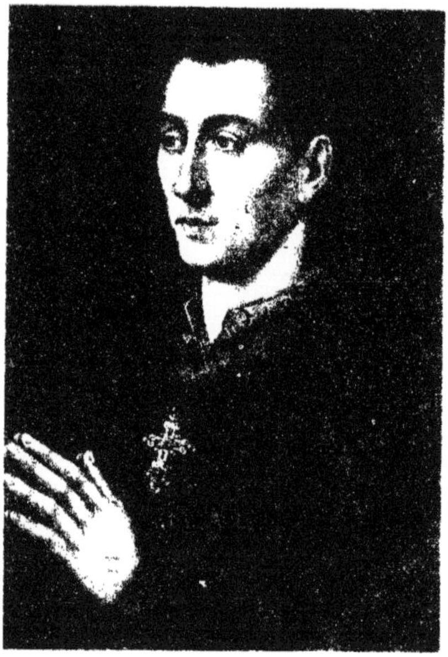

ÉCOLE DE BRUGES

(XVe siècle)

42 — *Un Donateur en prières.*

2.100
Bonaventure

En buste, tête nue, figure imberbe, vêtu de velours grenat bordé de fourrure, col brodé, les mains jointes. une croix d'orfèvrerie pendant sur la poitrine.

Intéressant portrait.

Bois. Haut., 44 cent.; larg., 31 cent.

ÉCOLE FLAMANDE

(Fin du xvᵉ siècle)

43 — *La Vierge, l'Enfant Jésus et un Donateur.*

La Vierge est assise sur un trône, en robe rouge, les cheveux blonds pendant sur les épaules et ornés d'une couronne d'orfèvrerie. Elle porte l'Enfant Jésus sur ses genoux, lui offrant une poire.

A gauche, le Donateur est agenouillé.

A droite, un ange, aux grandes ailes ouvertes, baissant les yeux sur l'Enfant qu'il adore.

Fond d'architecture dans un paysage.

Bois. Haut., 93 cent.; larg., 57 cent.

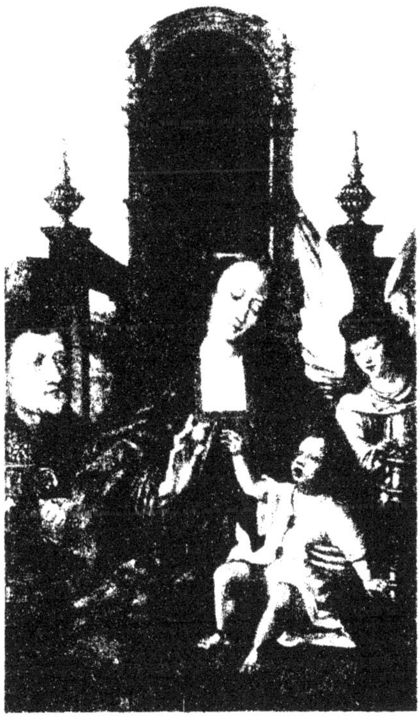

4

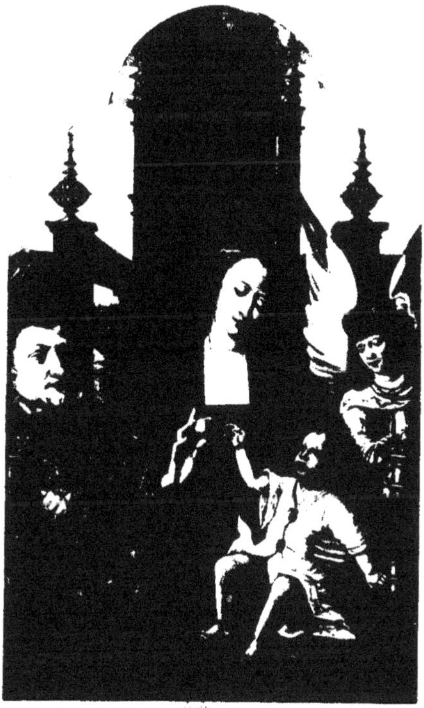

43

ÉCOLE FLAMANDE

(xvᵉ siècle)

44 — *Caravane dans un défilé.*

Au premier plan, et à gauche d'une éminence, trois personnages, richement vêtus, semblent discuter.

Plus loin, dans un ravin, d'autres groupes : des chevaux sont chargés de bagages. Entre les rochers, on aperçoit de nombreux cavaliers, dont la longue théorie suit une route sinueuse qui se perd à l'horizon.

Bois. Haut., 40 cent. ; larg., 78 cent.

ÉCOLE HOLLANDAISE

xviiᵉ siècle

45 — *Petit portrait de Jeune Fille.*

Vue de trois quarts, béguin noir, fraise tuyautée.

Bois. Haut., 15 cent. ; larg., 13 cent.

ÉCOLE HOLLANDAISE

XVIIe siècle

46 — *Portrait de Femme.*

En buste, légèrement tournée vers la gauche, les cheveux bruns tombant en boucles sur les épaules, coiffée d'un bonnet brodé, elle porte un grand col de guipure sur un corsage noir.

A gauche, des armoiries.

Bois. Haut., 75 cent.; larg., 60 cent.

ÉCOLE HOLLANDAISE

XVIIe siècle

47 — *Portraits d'Homme et de Femme.*

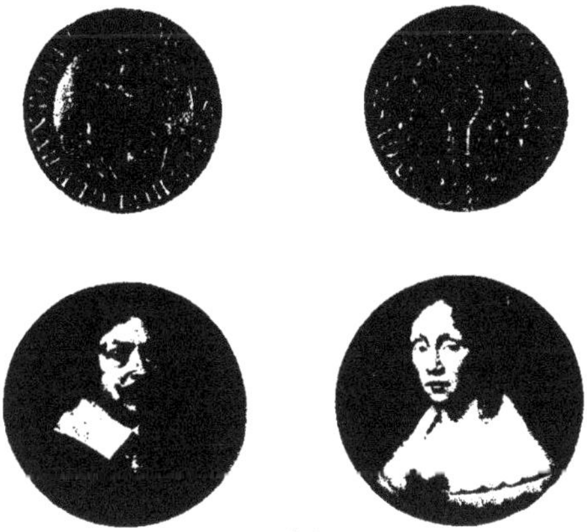

A l'intérieur d'une pièce en argent à l'effigie de Ferdinand III, empereur d'Allemagne et roi de Bohême et de Hongrie, au millésime de 1643, l'artiste a peint à l'huile deux remarquables miniatures de personnages hollandais.

L'homme porte un vêtement noir, à col tombant, la femme est parée d'un col de dentelle.

Diam., 4 cent.

ÉCOLE ITALIENNE

ALLORI

(ALEXANDRE, dit le Bronzino)

Florence, 1535-1607

48 — *Portrait d'un Jeune Gentilhomme.*

Debout, à mi-jambes, de trois quarts à gauche, la figure imberbe, au regard expressif, il est revêtu de la partie supérieure d'une cuirasse de tournoi en acier bleui et à dessins damasquinés d'or.

Sur la poitrine, une médaille de Saint Michel retenue par une chaînette, le cou serré dans une fraise tuyautée, la main droite sur une table couverte d'un tapis rouge, l'autre sur la garde de l'estoc qui pend à son côté.

Portrait de grand caractère.

Cadre en bois sculpté.

Toile. Haut., 97 cent.; larg., 77 cent.

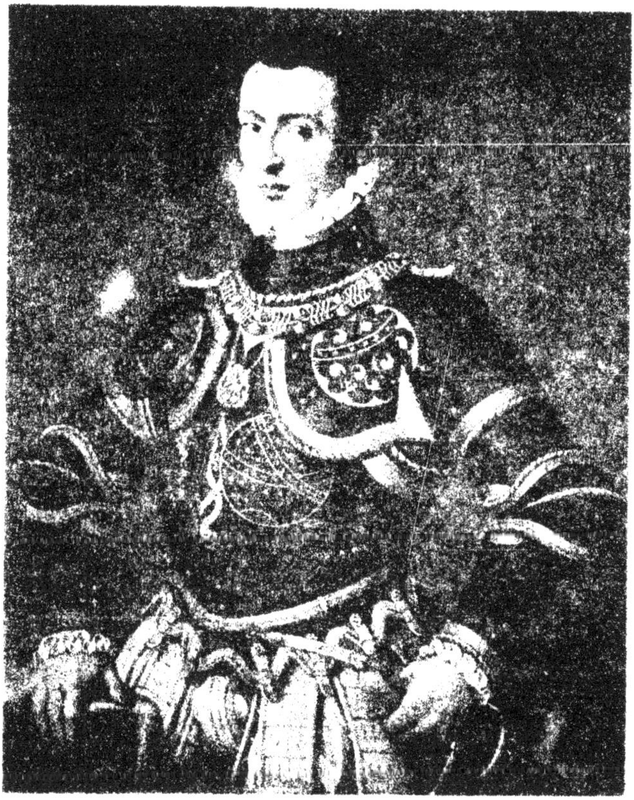

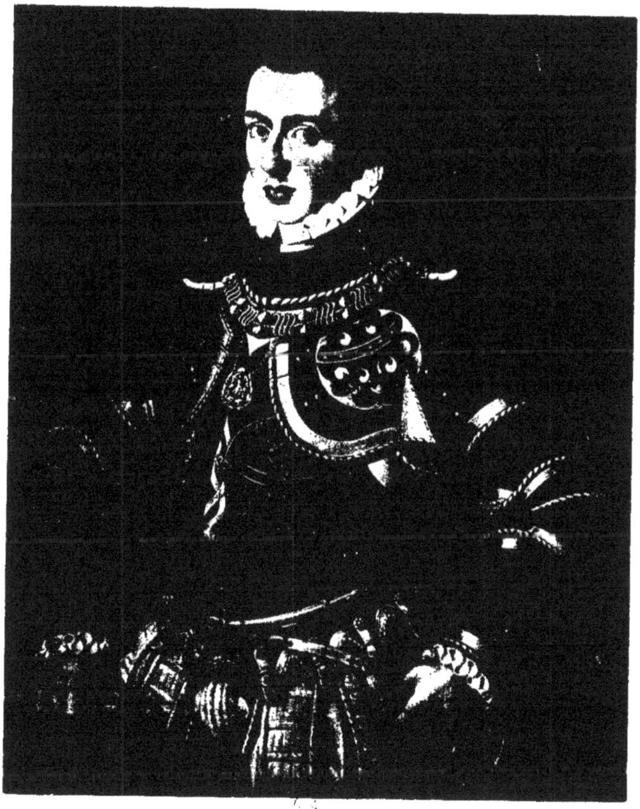

CANALE

(ANTOINE, dit Il Canaletto)

Venise, 1697-1768

19 — *Vue de Venise.*

490
Schulz

Sur la Giudecca, une barque montée par des rameurs, remorque un bateau de marchandises.

Au premier plan, sur le quai, une marchande ambulante écoute les propos d'une ménagère.

Toile. Haut., 39 cent.; larg., 54 cent.

6

CRIVELLI

(Atelier de CARLO)

50 — *La Vierge au Donateur.*

Vêtue d'une robe de brocart d'or, la Vierge est assise dans une stalle, portant sur ses genoux l'Enfant Jésus qu'elle allaite. A droite et à gauche, des séraphins jouant sur des instruments à cordes.

Dans la partie inférieure du tableau, cinq portraits de Donateurs, vus de profil. On lit sur un entablement :

OPVS-CAROLI-CRIVELLI-VENETI, 14...

Très intéresssant tableau rehaussé d'or.

Cadre en bois sculpté.

Haut., 1 m. 57 cent.; larg., 62 cent.

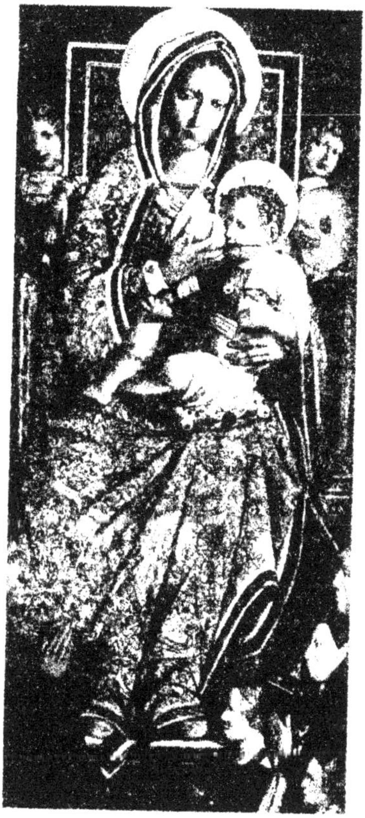

51

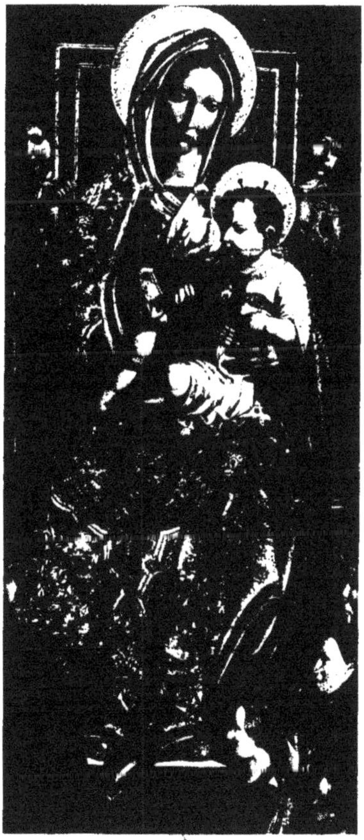

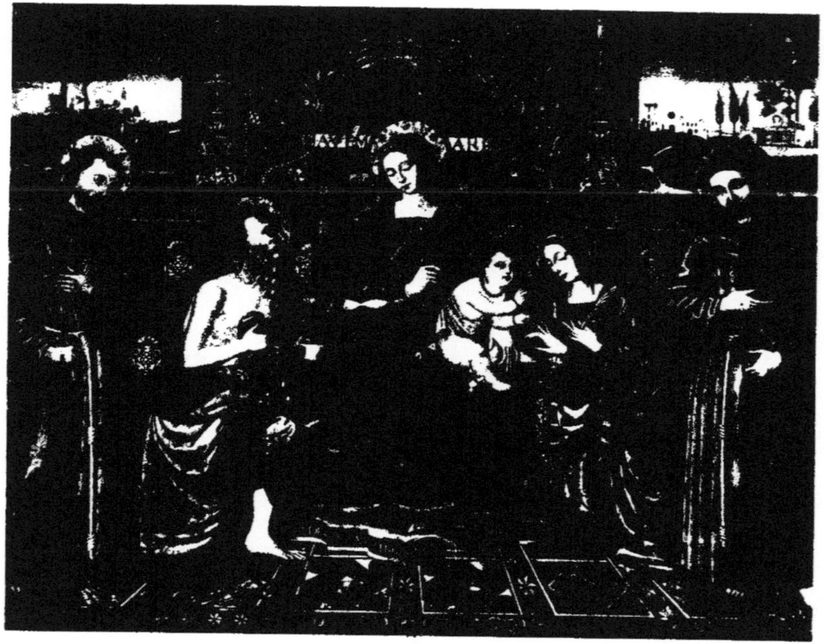

51

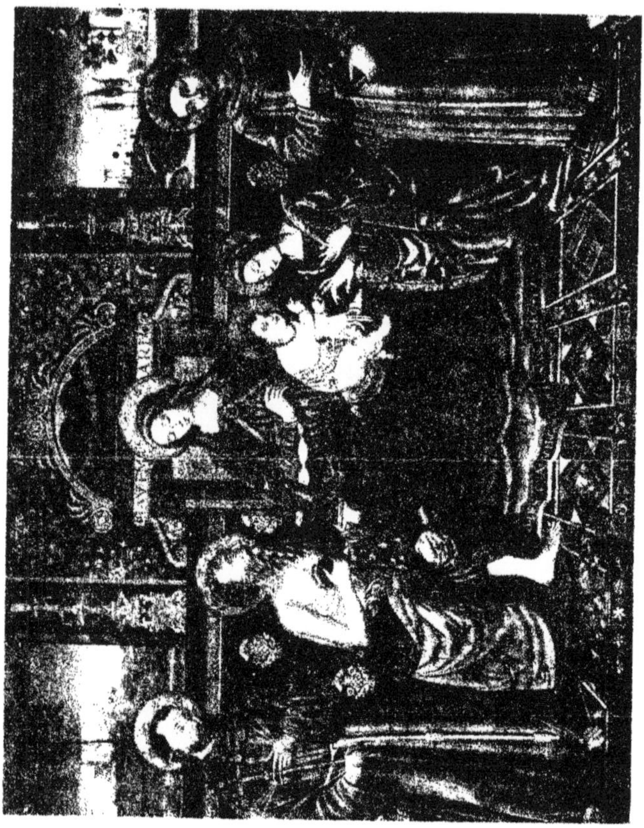

VITERBE

FRANÇOIS-GABRIEL DE

(xvᵉ siècle)

51 — *La Vierge et l'Enfant Jésus entourés de saints personnages.*

2600

La Vierge, assise au centre dans une stalle polychromée, tient l'Enfant sur ses genoux. Jésus passe l'anneau mystique au doigt de Sainte Catherine. Saint Jérôme se frappe la poitrine avec une pierre, Saint François montre ses stigmates, Saint Antoine tient un livre et un cœur ardent : à droite et à gauche, des échappées sur la campagne.

Plusieurs inscriptions en latin où on peut lire notamment :

Franciscus Gabrielis de V[illegible]bio
pinxit anno domine MCCCCIIIXXVII Juni.

complètent cette œuvre rare.

Cadre avec applications de bois sculpté.

Bois. Haut., 1 m. [illegible] cent.; larg., 1 m. 58 cent.

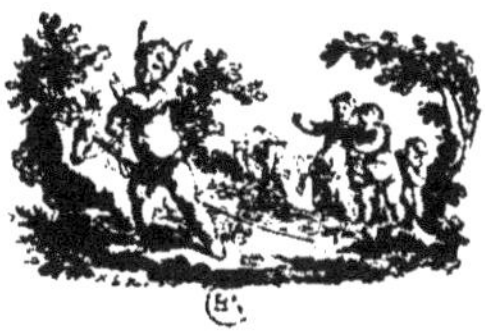

www.ingramcontent.com/pod-product-compliance
Ingram Content Group UK Ltd.
Pitfield, Milton Keynes, MK11 3LW, UK
UKHW031914260826
14628UKWH00003B/1189

9 782329 543819